Tiere im Zoo

ausgedacht von
Claude Delafosse

illustriert von
Sabine Krawczyk

übersetzt von
Salah Naoura

MEYERS LEXIKONVERLAG

Es ist dunkel,
und der Zoo hat
längst geschlossen.
Doch viele Tiere
schlafen noch nicht.

In diesem Buch kannst du
die Tiere beobachten
wie bei einem
Nachtspaziergang
durch den Zoo!

Aber ohne Licht
siehst du nicht viel.
Um alles richtig deutlich
zu erkennen, brauchst
du diese Lampe
aus Papier.

Trenne die Taschenlampe auf der letzten Seite des Buches heraus. Wenn du sie zwischen die schwarze Seite und die Folie schiebst, leuchtet sie in der Dunkelheit auf!

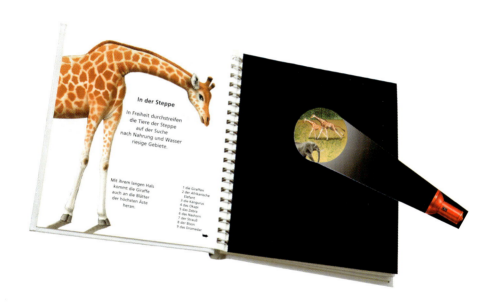

Bewege die Lampe hin und her – dann entdeckst du alles, was sich in der Finsternis verbirgt.

Bei den Krokodilen

Krokodile und Schildkröten sind Reptilien und legen Eier. Das Flusspferd ist ein Säugetier und bringt lebende Junge zur Welt.

Das Krokodil hat viele spitze Zähne. Es packt seine Beute und zieht sie unter Wasser.

1 die Riesenschildkröte
2 das Krokodil
3 das Flusspferd

Die Raubkatzen

Raubkatzen jagen und fressen andere Tiere.
Deshalb sind sie auch für Menschen gefährlich.
Du darfst ihnen nicht zu nahe kommen!

Der Leopard klettert gerne auf Bäume.
Zwischen den Blättern ist
sein geflecktes Fell
eine gute Tarnung.

1 der Tiger
2 der Schwarze Panter
3 der Puma
4 die Leoparden
5 der Löwe
6 die Löwenjungen
7 die Löwin
8 der Gepard

In der Steppe

In Freiheit durchstreifen
die Tiere der Steppe
auf der Suche
nach Nahrung und Wasser
riesige Gebiete.

Mit ihrem langen Hals
kommt die Giraffe
auch an die Blätter
der höchsten Äste
heran.

1 die Giraffen
2 der Afrikanische Elefant
3 die Kängurus
4 das Okapi
5 das Zebra
6 das Nashorn
7 der Strauß
8 der Bison
9 das Dromedar

Die Vögel

In manchen Zoos sind Vögel aus aller Welt zu sehen!

Die Flamingos sind rosa, weil sie kleine rote Krebse fressen.

1 der Kakadu **2** der Waldkauz **3** der Papagei **4** die Sittiche **5** der Schmuckvogel **6** der Nektarvogel **7** der Reisfink **8** der Beo **9** die Felsentaube **10** der Bienenfresser **11** der Ararauna **12** der Hellrote Ara **13** der Paradiesvogel **14** die Prachtfinken **15** der Tukan **16** der Fasan **17** der Kronenkranich **18** der Pfau **19** der Hühnerfasan **20** der Ibis **21** der Nashornvogel **22** die Webervögel **23** die Turteltauben **24** die Kolibris **25** der Spechtvogel **26** der Astrild **27** die Amadine **28** der Staffelschwanz

Auf dem Affenfelsen

Bei den Affen ist immer etwas los!

Sie jagen sich gegenseitig über die Felsen und turnen an den Seilen.

1 der Mandrill
2 der Schwarze Klammeraffe
3 der Sifaka
4 der Pavian
5 die Husarenaffen
6 der Schimpanse
7 der Orang-Utan
8 die Kattas
9 der Panama-Klammeraffe
10 die Blaumaulmeerkatze
11 die Weißnasen-Meerkatze
12 die Paviane
13 der Gorilla

Der Gibbon schwingt sich an seinen langen Armen von Ast zu Ast. Seine Sprünge sind bis zu 12 Meter weit!

Bei den Bären und Robben

Sogar in den kältesten Gebieten der Erde, nahe bei den Polen, leben noch viele Tiere.

1 die Robbe
2 der Eisbär
3 der Braunbär
4 der Fischotter
5 die Pinguine
6 der Seehund
7 der Heuler

Die Pinguine sind Vögel, aber sie können nicht fliegen.
Ihre Flügel haben sich zu Rudern umgebildet.

Das Terrarium

die Schlangen

die Spinnen

In diesen Glaskästen leben Reptilien und Spinnen.

die Leguane

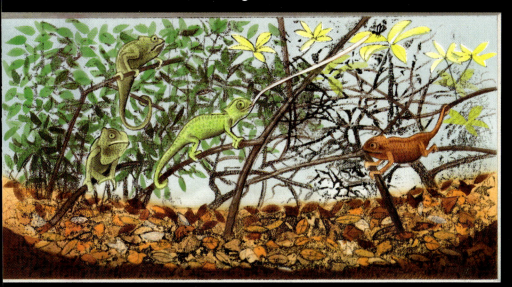

die Chamäleons

All dies ist auf den dunklen Seiten dieses Buches versteckt.

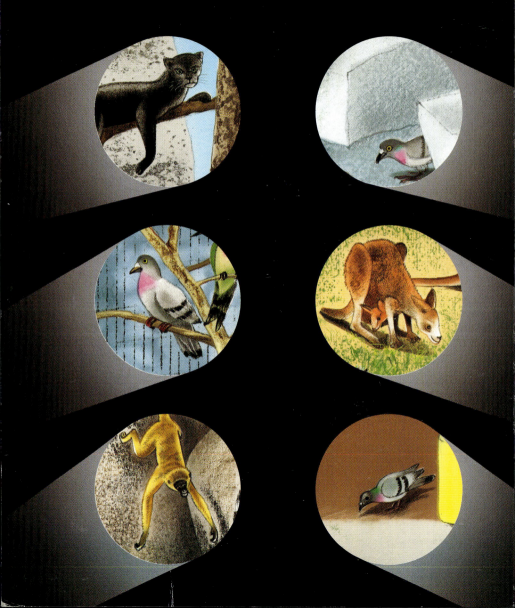

Findest du die Stellen mit deiner Taschenlampe?

In dieser Reihe sind erschienen:

Der Affe	Der Frosch	Der Pilz
Der Apfel	Die fünf Sinne	Der Pinguin
Das Auto	Der Fußball	Die Piraten
Der Bär	Im Gebirge	Die Pyramide
Der Bauernhof	Groß und klein	Die Ritterburg
Der Baum	Das Haus	Das Schiff
Die Baustelle	Der Hund	Die Schildkröte
Bedrohte Tiere	Der Igel*	Der Schmetterling
Der Biber	Die Indianer	Die Stadt
Die Biene	Die Insel	Am Strand
Die Blume	Das Internet	Unter der Erde
Kleiner Deutschlandatlas	Das Känguru	Der Vogel
Der Dinosaurier	Das Kaninchen	Die Vulkane*
Der Dschungel	Die Katze	Der Wal
Das Ei	Im Kindergarten	Das Weltall
Das Eichhörnchen	Die Kleidung	Kleiner Weltatlas
Der Elefant	Der Körper	Das Werkzeug
Die Ente	Im Krankenhaus	Das Wetter
Die Erde	Das Krokodil	Die Wüste
Die ersten Menschen	Die Kuh	Die Zahlen
Die Eule	Das Licht	Der Zirkus
Die Farbe	Der Löwe	
Die Feuerwehr	Der Marienkäfer	
Das Flugzeug	Die Maus	
Am Fluss	Das Pferd	* soeben erschienen

Meyer. Die kleine Kinderbibliothek – Licht an!

Das ägyptische Grab	Nachts in der Stadt	Tiere unter der Erde
Am Himmel und im Weltall	Schätze und Wracks	Unter der Stadt
Leben im Dschungel	Sturm auf die Burg	Kino, Tanz, Theater
Im Reich der Dinosaurier	Tief im Meer	Wunderwelt Körper
In Höhlen und Grotten	Tiere der Nacht	Im Zirkus
In den Nestern der Insekten	Tiere im Zoo	

© 2003 Bibliographisches Institut & F. A. Brockhaus AG, Mannheim
für die deutsche Ausgabe DC

Das Werk wurde in neuer Rechtschreibung verfasst.

Titel der Originalausgabe: Le zoo la nuit
© 2000 by Éditions Gallimard
Printed in Italy
ISBN 3-411-09242-4

Meyer.
Die kleine Kinderbibliothek

Neben dem Klassiker können Neugierige ab 3 Jahren auch mit den Reihen »Licht an«, »Daumen drauf« und »Klappe auf« mit schlauen Texten und tollen Bildern die Welt entdecken.

Der Klassiker

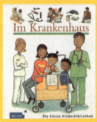

Licht an

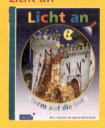

Daumen drauf

Klappe auf

MEYER

Meyer. Die kleine Kinderbibliothek

Die neue Sach- und Bilderbuchreihe zum Entdecken und Wiedererkennen. Durch das Klappenprinzip eignen sich die Bändchen hervorragend als Suchspiel.
Ab 4 Jahren. Je 24 Seiten. Pappband.
7,90 € [D]; 8,20 € [A]; 14.– sFr.

Klappe auf

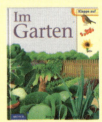

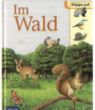
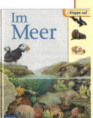

Auf dem Bauernhof
ISBN 3-411-09381-1

Im Wald
ISBN 3-411-09391-9

Im Meer
ISBN 3-411-09861-9

Im Garten
ISBN 3-411-09881-3

Meyers Lexikonverlag
Mannheim · Leipzig · Wien · Zürich   www.meyerslexikonverlag.de

Dieser Prospekt wurde auch im Auftrag des österreichischen Ausliefores erzeugt.
Die Preise sind die Letztverkaufspreise der Auslieferung MOHR MORAWA, Wien.
Preisänderungen vorbehalten